漢字 ─1─

──をつけた漢字の読み仮名を書きなさい。

① 鮮やかな色彩の絵画。
（色・形などが極めて目立つさま）

② 緩やかな坂道をのぼる。
（変化のしかたがゆっくりしているさま）

③ 水中に身を潜める。
（そっと隠れる）

④ 穏やかな日々を取り戻したい。
（何事もなく静かに時がたっているさま）

⑤ 彼女は野球に詳しい。
（細部まで知っていること）

⑥ 友人を遊びに誘う。
（あることをするように声をかけて勧める）

⑦ 一回戦から苦戦を強いられた。
（相手の意向を無視してむりにやらせる）

⑧ 子どもが健やかに成長する。
（元気で健康なさま）

⑨ 弱音を吐く。
（心に思っていることなどを言葉に出す）

⑩ 子どもを授かる。
（大切なものを与えられること）

①	
②	
③	
④	
⑤	
⑥	
⑦	
⑧	
⑨	
⑩	

1

おまけ問題①：「体」上の漢字の部首は何というでしょうか

漢字 ―2―

―をつけた漢字の読み仮名を書きなさい。

① 朝早くから玄関を掃く。
（ほうきなどで掃除すること）
　　　　　　　　　　　　　①

② 生徒を率いて遠足に行く。
（引き連れていく）
　　　　　　　　　　　　　②

③ ウイルスは瞬く間に世界中に広まった。
（あっという間）
　　　　　　　　　　　　　③

④ クラス会の進行役を担うことになった。
（自分の責任として引き受ける）
　　　　　　　　　　　　　④

⑤ お金が乏しいので、外食はあきらめた。
（必要を満たすだけの量に足りない）
　　　　　　　　　　　　　⑤

⑥ 廃れた町を見るのが好きだ。
（使われなくなる。衰える）
　　　　　　　　　　　　　⑥

⑦ 友人に手紙を届ける。
（運んで相手方につくようにすること）
　　　　　　　　　　　　　⑦

⑧ マフラーを編んだ。
（糸・竹・髪の毛など細長いものを互い違いに組み合わせること）
　　　　　　　　　　　　　⑧

⑨ 彼は人を操るのが上手だ。
（上手にあつかう。思う通りに働かせる）
　　　　　　　　　　　　　⑨

⑩ 台所と居間を隔てる壁が欲しい。
（間に物を置く。さえぎる。遠ざける）
　　　　　　　　　　　　　⑩

おまけ問題①答え　：　ミシベン

漢字 ー3ー

一をつけた漢字の読み仮名を書きなさい。

① 道具を大切に扱う。
(使用する。世話する。見なす)

　①

② 彼女の澄んだ瞳が好きだ。
(透きとおる。すっきりする。迷いや邪念がなくなる)

　②

③ 悔しさをばねにして頑張る。
(勝負に負けるなどして腹立たしく残念である)

　③

④ ボランティアの参加者を募る。
(広く呼びかけて集める。ますます激しくなる)

　④

⑤ 山の頂を目指す。
(一番高いところ)

　⑤

⑥ 明日の試合に備える。
(前もって用意する。準備する)

　⑥

⑦ 服装を整える。
(乱れていたものをまとめる)

　⑦

⑧ 友人を学級委員長に薦める。
(人や物事のすぐれている点をあげ、その採用をうながす)

　⑧

⑨ 朝日を浴びる。
(日光などを身に受けること)

　⑨

⑩ 机の端をもつ。
(平らなものなどの中心から離れた周辺部分)

　⑩

おまけ問題②:「若」上の漢字の部首は何というでしょうか。

漢字 ―4―

―をつけた漢字の読み仮名を書きなさい。

① 先生の話を遮って質問をした。
（物事の進行をじゃまして止める）

① 　

② 新たな目標を掲げる。
（方針を広く一般に示す。人目につくように高いところにあげる）

② 　

③ 赤ちゃんの手を握る。
（手の五本の指を内側に曲げる）

③ 　

④ 最近は専ら部屋でゲームばかりしている。
（ひとすじに集中するさま。ひたすら）

④ 　

⑤ いい記録を出すために足腰を鍛える。
（修練によって体や精神を強くすること）

⑤ 　

⑥ 夕日に紅葉が映える。
（光が当たって照り輝く。鮮やかに見える）

⑥ 　

⑦ 少年時代を顧みる。
（過ぎ去ったことを思う。気にかける）

⑦ 　

⑧ 彼の成長が著しい。
（はっきりそれとわかる状態。目立つ）

⑧ 　

⑨ 考えを改めるべきだとわかった。
（新しくする。良いほうくかえる）

⑨ 　

⑩ うれしい知らせに心が躍る。
（胸がわくわくする。どきどきする）

⑩ 　

おまけ問題②答え： クサカンムリ

	1回目	/10問
	2回目	/10問
	3回目	/10問

一をつけた漢字の読み仮名を書きなさい。

① 速やかに移動する。
（すばやいさま）

①

② 彼は努力し、チームの中心選手へと成長を遂げた。
（目的を達する。果たす。最後にそのような結果になる）

②

③ はさみで布を裁つ。
（衣服を仕立てるために布地を切る）

③

④ 一度も袖を通していない服を捨てた。
（衣服の左右のうでをおおう部分）

④

⑤ 弟をやさしく諭してあげた。
（納得するように教え導く）

⑤

⑥ ポスターのデザインに工夫を凝らす。
（いろいろと考えて、より良い方法を盛り込むこと）

⑥

⑦ 罪を償う。
（相手にあたえた損失を金品で埋め合わせる）

⑦

⑧ 腰を据えて研究に打ち込む。
（物事に専念する）

⑧

⑨ おもしろい動画を見て時間を潰した。
（次の予定までの間に適当なことをするさせること）

⑨

⑩ 新記録に挑む。
（ある対象に立ち向かっていく）

⑩

おまけ問題③：「絵」上の漢字の部首は何というでしょうか。

漢字 —6—

―をつけた漢字の読み仮名を書きなさい。

① 粘り強く勉強に取り組む。
（根気強く頑張る）
①

② 日が暮れる。
（日が沈んで暗くなる）
②

③ 決定をキャプテンに委ねる。
（信用して任せる）
③

④ 頼もしい青年。
（期待が持てて心強い）
④

⑤ 試験に臨む。
（ある場所・会合などに出る。直面する）
⑤

⑥ 努力を怠ってはいけない。
（いい加減にする。なまける）
⑥

⑦ 甚だしい勘違いをする。
（程度が激しい。普通の度合いをはるかに超えている）
⑦

⑧ 風船が膨らむ。
（内から外へもり上がって大きくなる）
⑧

⑨ 厳かな雰囲気の中で卒業式が行われた。
（礼儀正しく近寄りがたいさま）
⑨

⑩ 甲子園に出場したことが誇りだ。
（名誉に思うこと）
⑩

おまけ問題③答え： イト〈

漢字 ー7ー

ー線をつけた漢字の読み仮名を書きなさい。

① 柔らかい枕が欲しい。
（外部から力を加えたときに変形しやすい）

① ☐

② 過去に過ちを犯した。
（物事のやりそこない。間違い）

② ☐

③ 潔い生き方をしたい。
（清らかで汚れがない。すがすがしい）

③ ☐

④ 注意を促す。
（そうするようにすすめる）

④ ☐

⑤ いたずらを戒める。
（悪いことや失敗をしないように注意する）

⑤ ☐

⑥ 大量の漫画本を携えた友人が家に来た。
（手にさげたり身につけたりして持つ）

⑥ ☐

⑦ 快いそよ風が吹く。
（気持ちがよい）

⑦ ☐

⑧ 本音を漏らす。
（思っていることや感情を言葉や表情に出す）

⑧ ☐

⑨ 仕事が滞る。
（物事が順調に進まないでつかえる）

⑨ ☐

⑩ 判決が覆る。
（今までのことが否定されて異なった結果となる）

⑩ ☐

7

おまけ問題④：「秋」上の漢字の部首は何というでしょうか。

漢字 ―8―

―をつけた漢字の読み仮名を書きなさい。

① 世界平和に貢献する。
（ある物事などに力をつくして、役に立つこと）
① _____

② クラスで討論する。
（意見を述べ合って議論をたたかわせること）
② _____

③ 体に負担がかかる。
（義務・仕事・責任など、負荷）
③ _____

④ 哀愁のあるメロディー。
（もの悲しさ）
④ _____

⑤ みんなに是非を問う。
（物事のよいこととわるいこと）
⑤ _____

⑥ 便宜をはかる。
（都合のよいこと。特別な取り計らい）
⑥ _____

⑦ 鮮明な色のグラスを買う。
（鮮やかで明るいこと）
⑦ _____

⑧ 人の気配がする。
（それらしいようす。そぶり）
⑧ _____

⑨ こった細工の入れ物を買う。
（手先を使って細かいものをつくること）
⑨ _____

⑩ 多忙な日々を送る。
（非常に忙しいこと）
⑩ _____

おまけ問題④答え： しぎく

漢字 —9—

一をつけた漢字の読み仮名を書きなさい。

	1回目	2回目	3回目
	/10問	/10問	/10問

① 窓に水滴がつく。
（水のしたたり。しずく）

② 自然の恩恵を受ける。
（幸福や利益と結びつくめぐみ）

③ 妥協の余地はない。
（対立する意見をたがいにゆずりあってまとめること）

④ 時間に余裕がある。
（ゆったりとしているようす 余り）

⑤ 任務を遂行する。
（物事をなしとげること）

⑥ 木を伐採する。
（樹木などを切り倒すこと）

⑦ 平穏に暮らす。
（事件もなく穏やかなこと）

⑧ テストは見直しが肝心である。
（この上なく大切なさま）

⑨ みごとな出来ばえに驚嘆する。
（非常に驚き感心すること）

⑩ 図書を閲覧する。
（書籍などを調べながら見たり読んだりすること）

①	
②	
③	
④	
⑤	
⑥	
⑦	
⑧	
⑨	
⑩	

9

おまけ問題⑤：「持」上の漢字の部首は何というでしょうか。

/10問	/10問	/10問
1回目	2回目	3回目

一 ――をつけた漢字の読み仮名を書きなさい。

① 事前に危険を察知する。
（それと気づくこと）

② 前任者の方針を踏襲する。
（今までのやり方を受け継らで、その通りにやっていくこと）

③ 伝統的な日本舞踊を習う。
（おどり、まい）

④ 微妙な違いがある。
（細かいところに複雑で重要な意味や要素があり、簡単には言い表せないこと）

⑤ ひざの屈伸運動をする。
（かがむことと伸びること）

⑥ 勉強を始めた途端に電話が鳴った。
（ちょうどその瞬間）

⑦ 顔の輪郭を描く。
（物体の外側を形作っている線）

⑧ 収入と支出の均衡を保つ。
（二つ以上の物事の間につり合いがとれていること）

⑨ 内容が希薄である。
（弱々しいこと。少なく薄いこと）

⑩ 怠惰な生活を改める。
（なすべきこともせず、なまけること）

①	
②	
③	
④	
⑤	
⑥	
⑦	
⑧	
⑨	
⑩	

おまけ問題⑤答え： てくう

漢字 ― 11 ―

―をつけた漢字の読み仮名を書きなさい。

① やわらか感触の布が欲しい。
（手ざわり。肌ざわり）
①

② 神社の境内で遊ぶ。
（神社や寺の敷地の中）
②

③ 抑揚をつけて話す。
（言葉や文章などの調子の高低。イントネーション）
③

④ シロアリの駆除をする。
（害虫などを追い払ったり殺したりして取り除くこと）
④

⑤ 意味を厳密にとらえる。
（すみずみまで手抜かりなく神経が行き届いているさま）
⑤

⑥ 生徒を引率する。
（引き連れること）
⑥

⑦ 虚偽の証言をする。
（うそ。いつわり）
⑦

⑧ 隣人に会釈する。
（軽く頭を下げて礼をすること）
⑧

⑨ 車の往来が激しい。
（行ったり来たりすること）
⑨

⑩ 海浜公園へ行く。
（海辺。海のそばの土地）
⑩

11

おまけ問題⑥：「礼」上の漢字の部首は何というでしょうか。

/10問	/10問	/10問
1回目	2回目	3回目

ーをつけた漢字の読み仮名を書きなさい。

① 寡黙な人。
（口数が少ないこと）

② 教科書準拠の問題集をする。
（よりどころ。よりどころとして従うこと）

③ 要領よくまとめる。
（物事を手際よく処理する方法）

④ 彼の意見は至極まっとうである。
（このうえないこと。最上）

⑤ 彼女は遠慮がちな性格だ。
（言葉や行動をひかえめにすること）

⑥ あたりが静寂に包まれる。
（静かでひっそりしていること）

⑦ 道路の拡幅工事を行う。
（道路などの幅を広げること）

⑧ 英雄を崇拝する。
（心から尊び敬い慕うこと）

⑨ 今年の夏は実家に帰省する。
（故郷に帰ること）

⑩ 繊細な感性を持つ。
（感情などが細やかで鋭いさま。デリケート）

①

②

③

④

⑤

⑥

⑦

⑧

⑨

⑩

おまけ問題⑥答え：シメくン

漢字 ― 13 ―

	1回目	/10問
	2回目	/10問
	3回目	/10問

―をつけた漢字の読み仮名を書きなさい。

① 環境問題に警鐘を鳴らす。
（警告として人々に注意を促すこと）

② 安穏に暮らす。
（変わったこともなく穏やかなこと）

③ 惜別の言葉を繰り返した。
（別れを惜しむこと）

④ 運動は発汗作用を促す。
（汗をだすこと）

⑤ 解毒剤がどこにも見当たらない。
（体内に入った毒の作用を消し去ること）

⑥ 障害を克服する。
（努力して困難に打ち勝つこと）

⑦ 意見を率直に述べる。
（飾りけがなく、ありのままなさま）

⑧ 姉はいつも支度が遅い。
（前もって準備すること。身なりを整えること）

⑨ 祖母の柔和な顔が好きだ。
（性質や表情がやさしく穏やかなこと）

⑩ 献身的な看病をする。
（自分を犠牲にして一心に尽くすようにする）

①
②
③
④
⑤
⑥
⑦
⑧
⑨
⑩

13

おまけ問題⑦：「狩」上の漢字の部首は何というでしょうか。

漢字 ー14ー

ーをつけた漢字の読み仮名を書きなさい。

① 田舎に住みたい。
（都会から離れた所。地方）

① _____

② 彼は愉快な人だ。
（楽しくこころよいこと）

② _____

③ 即興で曲をつくる。
（その場でおこる興味）

③ _____

④ 美しい旋律が流れる。
（メロディー）

④ _____

⑤ 美の化身のような女神像があった。
（生まれ変わり）

⑤ _____

⑥ 商品を補充する。
（不足分を足しておぎなうこと）

⑥ _____

⑦ 実績がとても顕著である。
（きわだって目につくさま）

⑦ _____

⑧ この物語は日本の未来を示唆している。
（それとなく教えること）

⑧ _____

⑨ 雑踏の中を歩く。
（人ごみ）

⑨ _____

⑩ 屈託のない笑顔。
（あることを気にかけてくよくよすること）

⑩ _____

おまけ問題⑦答え：　ケモノヘン

漢字 ― 15 ―

/10問	/10問	/10問
1回目	2回目	3回目

―をつけた漢字の読み仮名を書きなさい。

① 祭りで足袋を履く。
（和装のときには爪先が二つに分かれた履物。）

② 少数の企業により市場の募占が進む。
（ある商品の生産や販売の大部分を少数の企業が占めること）

③ 野菜を栽培する。
（植物を植え、育てること）

④ 社会に衝撃を与える。
（激しく感情をゆさぶられ動揺すること。ショック）

⑤ 池に水草が繁茂する。
（草木が生い茂ること）

⑥ 雑木林を散歩する。
（さまざまな木が入りまじって生えている林）

⑦ この渓谷の景色はすばらしい。
（水の流れている深い谷）

⑧ 孫を溺愛する。
（やたらにかわいがること）

⑨ 企画の趣旨を分かりやすく説明する。
（そのことをする主な理由や目的）

⑩ 相手の意図を推測する。
（おもわく。考え）

①
②
③
④
⑤
⑥
⑦
⑧
⑨
⑩

15

おまけ問題⑧：「頷」上の漢字の部首は何というでしょうか。

3回目	2回目	1回目
/10問	/10問	/10問

―をつけた漢字の読み仮名を書きなさい。

① テーブルを囲んで談笑する。
（心やすく話したり笑ったりすること）

② 円熟した芸を見せる。
（知識・技術などが十分に発達して深みを増し、豊かな内容をもつようになること）

③ 幾何学について私は何も知らない。
（図形や空間に関する性質を研究する数学の一部門）

④ 矛盾した発言をする。
（二つの事柄のつじつまが合わないこと）

⑤ 事態を収拾する。
（混乱した状態を取りまとめること）

⑥ 多様な生物が共存している。
（いろいろと種類の違ったものがあること）

⑦ 緩急の差が大きい。
（おそいことと速いこと）

⑧ 問題点を指摘する。
（注意すべきこととして、特にとりあげて具体的に指し示すこと）

⑨ 事実を詮索する。
（細かい点までいろいろ調べ求めること）

⑩ 早起きを励行する。
（努力して行うこと）

①
②
③
④
⑤
⑥
⑦
⑧
⑨
⑩

おまけ問題⑧答え：　オオガイ

1回目	2回目	3回目
/10問	/10問	/10問

―をつけたカタカナを漢字になおしなさい。

① 橋が力かる。
（離れた二点間に物が渡される）

② 舞台のマクが上がる。
（しきりにする広い布。物事の始まりや終わり）

③ メズラしい昆虫を集める。
（あまり見当たらない）

④ 趣味に時間をツイやす。
（使ってなくす。消費する）

⑤ 道で財布をヒロう。
（下に落ちているものを手に取って持つ）

⑥ 展望台から港をナガめる。
（広い範囲にわたって見る）

⑦ 期待にムネを膨らませる。
（期待や喜びなどでムネを躍らせる）

⑧ コトなる国の人と話す。
（あるものが他のものと同じでない。違う）

⑨ 植物をソダてる。
（成長させる）

⑩ 手紙をトドける。
（ものを運ぶ）

①
②
③
④
⑤
⑥
⑦
⑧
⑨
⑩

おまけ問題⑨：「忙」上の漢字の部首は何というでしょうか。

漢字 ー18ー

ーをつけたカタカナを漢字になおしなさい。

① 野菜を<u>コマ</u>かく刻む。
（ものの形が非常に小さい）

② 初日の出を<u>オガ</u>む。
（左右の手のひらをあわせて礼をする）

③ 雪が降り<u>ツ</u>もる。
（上から落ちてきたものが順に重なって高くなる）

④ 空が夕日で赤く<u>ソ</u>まる。
（色や模様をつける。色をしみこませる）

⑤ 温度を一定に<u>タモ</u>つ。
（ある状態が変化しないように長く持ち続ける）

⑥ 木の<u>ミキ</u>の大きさをはかる。
（樹木の枝や葉をつけるもとの部分）

⑦ マフラーを<u>ア</u>む。
（細長いものを互い違いに組み合わせる）

⑧ 劇で主役を<u>エン</u>じる。
（役をつとめる。目立つことをする）

⑨ 努力が<u>タ</u>りない。
（分量が必要な量だけである。十分である）

⑩ 図書館で本を<u>カ</u>りる。
（返す約束で他人の金品を使う）

①
②
③
④
⑤
⑥
⑦
⑧
⑨
⑩

おまけ問題⑨答え： リッシンベン

漢字 ― 19 ―

	1回目	2回目	3回目
	/10問	/10問	/10問

― をつけたカタカナを漢字になおしなさい。

① ヒタイに汗をかく。
（おでこ）
①

② 友人にノートをカす。
（所有権は渡さずに金品を他の人に使わせる）
②

③ キャベツをキザむ。
（細かく切る）
③

④ キビしい寒さが続く。
（程度がはなはだしいさま）
④

⑤ 笑顔をタやさず踊りきる。
（続いていたものを続かないようにする）
⑤

⑥ 客を席にミチビく。
（道案内をする。つれていく）
⑥

⑦ スミやかに処理する。
（すばやいさま）
⑦

⑧ 会場に保護者席をモウける。
（セッティングをつくる。前もって用意する）
⑧

⑨ 鳥がムれをなして飛んでいる。
（たくさんの人や生物が一か所に集まっている状態）
⑨

⑩ 流れにサカらって進む。
（物事の勢いや自然の流れと反対の方向に進む）
⑩

19

おまけ問題⑩：「海」上の漢字の部首は何というでしょうか。

漢字 ―20―

―をつけたカタカナを漢字になおしなさい。

① 家族で食卓をカコむ。（ものや人の周りをすきまなく埋める）

② 新しい機械をアヤツる。（上手にあつかう）

③ 赤ん坊のスコやかな成長を願う。（けんこうで元気なさま）

④ ウタガう余地はない。（述べられた内容は事実と違うのではないかと思う）

⑤ 釣り糸をタらす。（上から下へぶら下げるようにする）

⑥ 畑をタガヤした。（作物を植えるために田畑を掘り返し、土をやわらかくする）

⑦ 米のタワラを積み上げる。（わらなどを編んで作った米などを入れる円筒（えんとう）状の入れ物）

⑧ 使用ズみの切符を捨てる。（そのことが終わったことを表す語）

⑨ 昼休みのボールの使用をミトめる。（許可する）

⑩ 彼と彼の弟はとてもニている。（形や性質が同じように見える）

おまけ問題⑩答え： サンズイ

①	②	③	④	⑤	⑥	⑦	⑧	⑨	⑩

1回目	/10問
2回目	/10問
3回目	/10問

漢字 ― 21 ―

1回目	2回目	3回目
/10問	/10問	/10問

―をつけたカタカナを漢字になおしなさい。

① 桜の花がチる。
（花や葉が茎や枝から離れて落ちる）

① ☐

② 街のようすがウツりかわる。
（物事が時とともにかわっていく）

② ☐

③ 銀行にお金をアズける。
（保管する）

③ ☐

④ 科学の実験をココロみる。
（ためしにやってみる）

④ ☐

⑤ 雑草がオい茂る。
（草木の葉や枝が伸びてすきまがないほどになる）

⑤ ☐

⑥ 注文をウケタマワる。
（聞くの謙譲語）

⑥ ☐

⑦ カメラをカマえる。
（相手や物事に対して、用意してある姿勢や態度をとる）

⑦ ☐

⑧ 今年の夏はとてもムし暑い。
（風がなく、温度・湿度ともに高く暑い）

⑧ ☐

⑨ お皿に料理をモりつける。
（お皿などにきれいに配置する）

⑨ ☐

⑩ 笛の合図でイキオいよく走り出す。
（他を圧倒するさかんな力）

⑩ ☐

21

おまけ問題⑪：「行」上の漢字の部首は何というでしょうか

	1回目	2回目	3回目
	/10問	/10問	/10問

ー をつけたカタカナを漢字になおしなさい。

① 山々がツラなる。
（多くのものが一列にならび続く）

② 小舟が波間にタダヨう。
（空中や水面に浮かんで揺れ動く）

③ 良好な人間関係をキズいていく。
（努力を積み重ねてしっかりしたものをつくりあげる）

④ 水がクダの中を流れる。
（細長い筒）

⑤ イサましく戦う。
（危険や困難をおそれずにものに向かっていく強い気持ちがある）

⑥ 友人を自分の家にマネく。
（客として呼ぶ）

⑦ そのスポーツ選手は現役からシリゾいた。
（身を引く。しりぞきする。後方へ下がる）

⑧ 交通渋滞がハゲしい。
（程度や頻度がはなはだしいこと。勢いが非常に強い）

⑨ 休日はモッパら寝ている。
（ひたすら）

⑩ ワケもなく悲しい。
（理由。原因）

① 　②　③　④　⑤　⑥　⑦　⑧　⑨　⑩

おまけ問題⑪答え：　ギョウカンジンベン

1回目	2回目	3回目
/10問	/10問	/10問

ーをつけたカタカナを漢字になおしなさい。

① 私の失敗を先輩が<u>オギナ</u>ってくれた。
（欠けたところを充する）

② 先生の教えに<u>シタガ</u>う。
（逆らわず、その通りにする）

③ 彼女の機嫌を<u>ソコ</u>なった。
（物事の状態を悪くしたり正常でなくしたりする）

④ 家族を<u>ヤシナ</u>う。
（生活上のさまざまな面倒をみる）

⑤ 人を<u>ウヤマ</u>う心を育む。
（相手を尊んで礼を尽くす。リスペクトする）

⑥ 詳しい説明を<u>ハブ</u>く。
（不要なもの。余計なものを取り除くなどして簡単にする）

⑦ 髪の毛を<u>ミジカ</u>く切る。
（長いの対義語）

⑧ 試験に<u>ノゾ</u>む。
（ある場所・会合などに出る）

⑨ <u>ヒ</u>ややかな態度をとる。
（同情のないさま。ひんやりとしたさま）

⑩ 話し合って作戦を<u>ネ</u>る。
（より良いものにするために考えて修正を加える）

①

②

③

④

⑤

⑥

⑦

⑧

⑨

⑩

23

おまけ問題⑫：「広」上の漢字の部首は何というでしょうか。

漢字 ー 24 ー

線をつけたカタカナを漢字になおしなさい。

① 力をクワえる。
（数・量・程度などを増す）

① □

② 身のチヂむ思いをした。
（小さくなる）

② □

③ 社会生活をイトナむ。
（計画を立てて物事をする）

③ □

④ 彼の勘はスルドい。
（頭のはたらき・判断力がすぐれていて的確である）

④ □

⑤ 窓のそばに机をヨセる。
（近くに移動させる）

⑤ □

⑥ 明日の試合にソナえる。
（前もって用意する）

⑥ □

⑦ 知識をタクワえることはとても大事なことだ。
（のちのちのために少しずつ集めておく）

⑦ □

⑧ タダちに出発する。
（時間を置かずに。すぐに）

⑧ □

⑨ 緊張感にツツまれる。
（全体がある雰囲気に覆われる）

⑨ □

⑩ ココロヨく引き受ける。
（気持ちがよい。好ましい。気さくである）

⑩ □

おまけ問題⑫答え：　マダレ

	/10問
1回目	/10問
2回目	/10問
3回目	/10問

― ― をつけたカタカナを漢字になおしなさい。

① 将来の<u>ユメ</u>について作文を書いた。
（将来実現したらと思うこと）

① ___

② <u>ケワ</u>しい坂道をのぼる。
（登るのが困難なほど傾斜が急である）

② ___

③ 平和な時代が<u>オトズ</u>れる。
（ある季節や状態がやってくる）

③ ___

④ 赤く<u>ウ</u>れたトマトをもらった。
（果実が十分に実る）

④ ___

⑤ 市役所はこの<u>アタ</u>りだと思う。
（付近。周囲）

⑤ ___

⑥ 夕方の赤みを<u>オ</u>びた空が好きだ。
（ある色・ようす・気配などを少し含む）

⑥ ___

⑦ 彼女は<u>ホガ</u>らかに笑った。
（明るく楽しげなこと。心晴れやかなさま）

⑦ ___

⑧ 美術品を見る目を<u>コ</u>やす。
（よいものを多く見てよしあしを見分ける力をつける）

⑧ ___

⑨ 音楽を聴くと心が<u>ナゴ</u>む。
（心や顔つき。雰囲気などが穏やかになる）

⑨ ___

⑩ 自分から言うのは<u>テレ</u>臭い。
（はずかしくてきまりが悪い）

⑩ ___

おまけ問題⑬：「病」上の漢字の部首は何というでしょうか。

/10問	/10問	/10問
1回目	2回目	3回目

一 ―をつけたカタカナを漢字になおしなさい。

① 珍しい<u>ケイケン</u>をする。
（実際に行ったり、見たり、聞いたりすること）

①

② 物の<u>カチ</u>を知る。
（そのものがどれくらい役に立つかの度合い）

②

③ 森林<u>バカイ</u>を防ぐ。
（こわすこと。こわれること）

③

④ <u>コウフン</u>が冷めない。
（刺激を受けて感情が高ぶること）

④

⑤ 親の顔が<u>ノウリ</u>に浮かぶ。
（頭の中。心の中）

⑤

⑥ <u>クフウ</u>を凝らす。
（よい方法はないかと考えること。またその考え付いたよい方法）

⑥

⑦ 要点を<u>カンケツ</u>に述べる。
（かんたんでよくまとまっていること）

⑦

⑧ 光が<u>ハンシャ</u>する。
（ものの面にあたって、反対方向にはね返ること）

⑧

⑨ 友達とテストの点数で<u>ショウブ</u>する。
（かちまけをきめること）

⑨

⑩ <u>ヨソウ</u>よりもよい点を取ることができた。
（物事の成り行きをあらかじめ推測すること）

⑩

おまけ問題⑬答え：　ヤマダ

一をつけたカタカナを漢字になおしなさい。

① アメリカには資源がホウフにある。
（種類や数量がたっぷりあること）
①

② 昼休みの体育館の使用がキョカされた。
（ゆるしを与えること）
②

③ 彼は青色ケイトウの服しか着ない。
（同じ方面や種類に属している）
③

④ バスのテイリュウジョを探す。
（バス・路面電車などが客の乗り降りのためにとまる一定の場所）
④

⑤ バスのウンチンを支払う。
（人や貨物を運ぶ時の料金）
⑤

⑥ あの喫茶店は豆のヒンシツにこだわっている。
（しなもののよしあし）
⑥

⑦ 事前に危険をサッチする。
（おしはかって知ること）
⑦

⑧ 近年は電子書籍などの電子バイタイが増えてきた。
（情報伝達の仲立ちとなるもの）
⑧

⑨ 飛行機をソウジュウしたい。
（飛行機を動かすこと）
⑨

⑩ 夜間にはたらくケイビ員。
（非常事態にそなえてけいかいすること）
⑩

おまけ問題⑭：「進」上の漢字の部首は何というでしょうか。

/10問	/10問	/10問
1回目	2回目	3回目

一 ━をつけたカタカナを漢字になおしなさい。

① この部活動にはいくつかの入部ジョウケンがある。
（あることが成立するのに必要なことがら）

①

② いつか太平洋をコウカイしたい。
（船で海上を渡ること）

②

③ 文学作品のヒョウロンをする。
（物事の価値・よしあしなどをひょうして意見を述べること）

③

④ メンミツな計画を立てる。
（細かいところまで注意が行き届いているさま）

④

⑤ この飛行機は出発が遅れるモヨウだ。
（ようす。ありさま。図案や色の組み合わせ）

⑤

⑥ 長年の研究のシュウタイセイを発表する。
（多くのものを広く集めて一つにまとめ上げたもの）

⑥

⑦ 旅館のキャクシツで旅の疲れをいやす。
（きゃくをもてなすへや）

⑦

⑧ チンタイ住宅で暮らす。
（使用料をとってものをかりること）

⑧

⑨ 攻撃力で相手をアットウする。
（きわだって優れた力で他をしのぐこと）

⑨

⑩ 決勝戦にショウジュンを合わせる。
（ある目標に向けて物事を推し進めていくこと）

⑩

おまけ問題⑭答え： しんにょう　または　しんにゅう

漢字 ― 29 ―

―をつけたカタカナを漢字になおしなさい。

① いつか<u>ウチュウ</u>に行ってみたい。
（空間・時間の無限の広がり）

② 人気曲の<u>カシ</u>を覚える。
（曲にのせる言葉）

③ <u>コンザツ</u>した商店街に行く。
（多くの人や物が集まってこみあうこと）

④ 自宅の<u>ユウビン</u>番号を調べる。
（ゆうびん物の配達区域を数字で表したもの）

⑤ 道具を<u>ソウコ</u>に片付ける。
（品物などを保管・貯蔵する建物）

⑥ 私の父親は<u>サイバン</u>官である。
（正・不正をさばくこと）

⑦ 原因を<u>スイソク</u>する。
（あることや人の心の中や状況をおしはかって想像すること）

⑧ めきめきと<u>トウカク</u>を現す。
（才能や技能などがすぐれていることが、他の人より目立つようになる）

⑨ <u>コウカ</u>的な練習法を繰り返す。
（ききめ。よい結果）

⑩ 兄が父親の会社に<u>シュウショク</u>した。
（しょくにつくこと）

① ② ③ ④ ⑤ ⑥ ⑦ ⑧ ⑨ ⑩

29

おまけ問題⑮：「点」上の漢字の部首は何というでしょうか。

/10問	/10問	/10問
1回目	2回目	3回目

―をつけたカタカナを漢字になおしなさい。

① 避難訓練でボウサイ意識が高まった。
　　（さいがいをふせごうとすること）

② 家と学校をオウフクする。
　　（行って帰ること）

③ 感染症のセンモン家に意見を聞く。
　　（特定の分野を主に研究してその道の経験や知識にくわしい人）

④ 科学技術がハッタツする。
　　（より高度に進歩すること）

⑤ 明日遠足に行けるかは天気シダイだ。
　　（そのことによって決まる）

⑥ タンジュンな作業をする。
　　（しくみが簡単なさま）

⑦ 将来のことを家族にソウダンした。
　　（話し合い）

⑧ 子どもたちがイエジを急ぐ。
　　（いえにかえるみち）

⑨ 体育館のアンマクを閉める。
　　（黒いまく）

⑩ 記念シキテンに出席する。
　　（しき ぎしき）

①
②
③
④
⑤
⑥
⑦
⑧
⑨
⑩

おまけ問題⑤答え： れんが または れっか

漢字 ー 31 ー

	1回目	2回目	3回目
	/10問	/10問	/10問

ーをつけたカタカナを漢字になおしなさい。

① この商品は割引対象からジョガイされている。
（ある規定や範囲からはずすこと）
　　①

② 定期券をフンシツしてしまった。
（なくすこと）
　　②

③ 相手のハイゴにまわる。
（うしろ）
　　③

④ これは日本人トクユウの考え方だ。
（そのものだけがとくべつにもっているもの）
　　④

⑤ 彼に近づくのはキケンだ。
（あぶないこと）
　　⑤

⑥ このチイキにはお年寄りが多い。
（ある基準で区切られた一定範囲の土地）
　　⑥

⑦ 彼はとてもショウジキ者だ。
（うそ、いつわりのないこと）
　　⑦

⑧ 計画のコンカンをなす考えだ。
（物事を成り立たせているおおもとのこと）
　　⑧

⑨ ヒヒョウに耳を傾ける。
（ものごとの、悪いところをはっきり見分け「評価」はんだんすること）
　　⑨

⑩ 営業部にハイゾクされる。
（割り当ててそれぞれの部署にしまぞくさせること）
　　⑩

おまけ問題⑯：「延」上の漢字の部首は何というでしょうか。

/10問	/10問	/10問
1回目	2回目	3回目

― をつけたカタカナを漢字になおしなさい。

① このコンビニは営業時間をタンシュクした。
（じかんをみじかくすること）

② 父のキョウリに行く。
（うまれ故きょう。ふるさと）

③ 人命をユウセンさせる。
（他よりも先に扱うこと）

④ 容疑者はようやく事件のケイイを話し始めた。
（いきさつ。物事の細かい事情）

⑤ 今の状況を上司にホウコクする。
（知らせること）

⑥ 私は日頃からレイセツを大切にしている。
（れい儀作法）

⑦ キチョウな話を聞く。
（きわめて大切なこと）

⑧ この車には追突防止ソウチがついている。
（設備。しかけ）

⑨ 朝の公園をサンサクする。
（ぶらぶら歩くこと）

⑩ 問題点をハイジョする。
（悪習や障害などを取り除くこと）

①
②
③
④
⑤
⑥
⑦
⑧
⑨
⑩

おまけ問題⑯答え：　えんにょう

1回目	2回目	3回目
/10問	/10問	/10問

── をつけたカタカナを漢字になおしなさい。

① 日本の<u>デントウ</u>を守る。
（長年にわたり形成され、受け伝えられてきたならわし）

② いつか株を<u>バイバイ</u>したい。
（うったりかったりすること）

③ まだ勉強の<u>ジュウヨウ</u>さがわかっていない。
（きわめて大切であること）

④ スポンジで水を<u>キュウシュウ</u>する。
（外にあるものをすって内に取り込むこと）

⑤ 中国との<u>ボウエキ</u>額が過去最大になった。
（外国と商業取引をすること）

⑥ 私の姉は<u>カンゴ</u>師になった。
（けが人や病人の世話や手当をする人）

⑦ 絵画の<u>テンラン</u>会のチケットを買った。
（作品・制作物などを並べて広く一般に見せること）

⑧ 自粛期間中は<u>チュウヤ</u>逆転生活をしていた。
（ひるとよる）

⑨ 私は<u>キュウキュウ</u>車に乗ったことがない。
（さし迫った状態をすくうこと）

⑩ 彼の意見に<u>キョウメイ</u>する。
（他人の意見や思想に同感すること）

①
②
③
④
⑤
⑥
⑦
⑧
⑨
⑩

おまけ問題⑰：「院」┃の漢字の部首は何というでしょうか。

1回目	2回目	3回目
/10問	/10問	/10問

――をつけたカタカナを漢字になおしなさい。

① ノウゼイは国民の義務である。
（ぜいきんをおさめること）

①

② 電車のケイテキが鳴る。
（注意を促すためにならす、ふえなどの音。特に電車や自動車、船など）

②

③ ギャッキョウに立ち向かう。
（思う通りにならず、苦労の多いきょうぐう）

③

④ 底力をハッキする。
（持っている能力や素質を十分に表し出すこと）

④

⑤ 最近は昼夜のカンダンの差が激しい。
（さむさとあたたかさ）

⑤

⑥ 目標達成はシナンのわざだ。
（この上なくむずかしいこと）

⑥

⑦ この研究のサイゲンは企業スポンサーからきている。
（資金を生むもと。元手となる金の出所）

⑦

⑧ ショメイ活動に参加するする。
（自分の名前を書きしるすこと）

⑧

⑨ 祖父はキンベンな人だ。
（仕事や勉強に、まじめに一生懸命取り組むこと）

⑨

⑩ ヒミツを守る。
（人に知られないように隠すこと。また、その事柄）

⑩

おまけ問題⑰答え：　にをいくん

1回目	2回目	3回目
/10問	/10問	/10問

一をつけたカタカナを漢字になおしなさい。

① 先生のチュウコクに従う。
（真心を持って相手のよくない点を指摘して、なおすように勧めること）

②

② 会社のキボが大きくなる。
（物事がもつしくみの大きさ）

②

③ ナットクのいく仕上がりになった。
（人の心や行動を理解して受け入れること）

③

④ 全国大会のカイカイ式に参加する。
（集会などをはじめること）

④

⑤ ゼンアクを判断する。
（よいこととわるいこと）

⑤

⑥ 教室に向かうカイダンを上る。
（高さの違う場所に行くためだんだんになった通路）

⑥

⑦ 平和がエイキュウに続くことを願う。
（時間に限りなく続くこと）

⑦

⑧ 僕が野球を始めたのは兄のエイキョウだ。
（物事の力や作用が他のものにまで及ぶこと）

⑧

⑨ 彼女はスナオな性格だ。
（穏やかで逆らわないさま）

⑨

⑩ この映画の評価はサンピ両論に分かれた。
（さんせいとはんたい）

⑩

おまけ問題⑧：「語」上の漢字の部首は何というでしょうか。

	1回目	2回目	3回目
	/10問	/10問	/10問

ー線をつけたカタカナを漢字になおしなさい。

① 明日は友達と会うヤクソクをしている。
（互いにある物事についてあらかじめ取り決めること）

② 畑にヒリョウをまく。
（植物の成長を促すために与える栄養分）

③ 今年の夏はコウスイ量が多かった。
（地上にふったみず）

④ 彼はカドに責任感を持ちがちだ。
（適当さ以上を越してしまうこと）

⑤ 弁論大会が間近に迫り、キンチョウしている。
（気分がひきしまり、ゆるみのないこと）

⑥ 天気は一転してカイセイとなった。
（よくはれた天気）

⑦ ゲンカクに審査する。
（きびしく、誤りや怠惰を許さないさま）

⑧ 写真をパソコンの中にホゾンする。
（そのままの状態をたもつようにとっておくこと）

⑨ すぐれたコウセキを残す。
（すぐれたはたらき。成果）

⑩ 電車のシャソウから景色を見る。
（電車・バス・自動車などのまど）

①
②
③
④
⑤
⑥
⑦
⑧
⑨
⑩

おまけ問題⑱答え： ごんべん

漢字 ― 37 ―

次の漢字の総画数を答えなさい。

① 京

② 世

③ 女

④ 卵

⑤ 談

⑥ 延

⑦ 確

⑧ 扱

⑨ 紙

⑩ 道

①

②

③

④

⑤

⑥

⑦

⑧

⑨

⑩

37

おまけ問題⑲:「雪」上の漢字の部首は何というでしょうか。

1回目	2回目	3回目
/10問	/10問	/10問

ーをつけた語句の品詞名を左の□の中から一つずつ選びなさい。

① 学校生活の楽しさを伝える。

② 花瓶をゆっくり持ち上げた。

③ 私はとても大きな犬を飼っている。

④ 今日は公園に遊びに行く。

⑤ この辺りはとても静かだ。

⑥ こんにちは、元気ですか。

⑦ 雨が降りそうだ。しかし、傘を忘れた。

⑧ 野球はとても楽しい。

⑨ 明日は雨が降るらしい。

⑩ 私がそれをします。

①
②
③
④
⑤
⑥
⑦
⑧
⑨
⑩

・名詞　　・動詞　　・形容詞　　・形容動詞
・副詞　　・助詞　　・助動詞　　・接続詞
・感動詞　・連体詞

おまけ問題⑲答え：　あめかんむり

	1回目	2回目	3回目
	/10問	/10問	/10問

次の二字熟語の読み方は、音読みと訓読みのどの組み合わせで成り立っているか。（例 決定→音読み＋音読み）

① 洗顔

①

② 清潔

②

③ 朝日

③

④ 演奏

④

⑤ 野原

⑤

⑥ 相手

⑥

⑦ 本物

⑦

⑧ 切符

⑧

⑨ 稲作

⑨

⑩ 仕事

⑩

おまけ問題⑳：「国」上の漢字の部首は何というでしょうか。

漢字 ― 40 ―

― をつけたひらがなを漢字になおしなさい。

① ┌ 今朝はいつもより<u>はや</u>く起きた。
　└ 兄はとても足が<u>はや</u>い。

② ┌ 結果よりも<u>かてい</u>を大事にする。
　└ 彼女はとても<u>かてい</u>的だ。

③ ┌ 人口が<u>げんしょう</u>する。
　└ 不思議な<u>げんしょう</u>を目の当たりにする。

④ ┌ 地震に<u>そな</u>える。
　└ お墓に花を<u>そな</u>える。

⑤ ┌ 新しい文化を<u>そうぞう</u>する。
　└ 十年後の自分の姿を<u>そうぞう</u>する。

⑥ ┌ 私は来週新潟の祖父母の家を<u>たず</u>ねる予定です。
　└ 問題の解き方を先生に<u>たず</u>ねる。

① _____

② _____

③ _____

④ _____

⑤ _____

⑥ _____

おまけ問題⑳答え：　くにがまえ

漢字 ー 41 ー

		1回目
		/12問
		2回目
		/12問
		3回目
		/12問

ー つけたひらがなを漢字になおしなさい。

① ┌ この問題はいがいに難しい。
　└ 電車いがいの交通手段で移動したい。

② ┌ 優勝までのきせきをたどる。
　└ 彼はきせき的に救出された。

③ ┌ 人工えいせいの打ち上げを見学した。
　└ 落ちたものを食べるのはえいせい的によくない。

④ ┌ 学問をきわめる。
　└ 山頂をきわめる。

⑤ ┌ 弁明のよちがない。
　└ 未来をよちする。

⑥ ┌ ふきゅうの名作映画を見る。
　└ パソコンのふきゅう率が増加する。

①
②
③
④
⑤
⑥

41

おまけ問題㉑:「初」上の漢字の部首は何というでしょうか。

漢字 — 42 —

|---|---|---|
1回目	/12問
2回目	/12問
3回目	/12問

一 をつけたひらがなを漢字になおしなさい。

① ┌ 今年の夏も非常に蒸しあついらしい。
　├ 今日の空はあつい雲に覆われている。
　└ あついうどんを冷ましながら食べる。

② ┌ 税金をおさめる。
　├ 国をおさめる。
　└ お釣りを財布におさめる。

③ ┌ 私の趣味は映画かんしょうです。
　├ 他人にかんしょうしてほしくない。
　└ かんしょう的な気持ちに浸る。

④ ┌ 冷蔵庫のほしょう書をなくしてしまった。
　├ 日米安全ほしょう条約の内容を読む。
　└ 労働災害をほしょうする。

①

②

③

④

おまけ問題②答え：　ころもへん

漢字　―43―

――つけたひらがなを漢字になおしなさい。

①
- お盆は実家に<u>きせい</u>する予定だ。
- 工事のため、交通<u>きせい</u>がしかれた。
- <u>きせい</u>品の服を買う。

②
- 左右<u>たいしょう</u>の図形を描く。
- この本は小学生を<u>たいしょう</u>にしている。
- 僕は兄とは<u>たいしょう</u>的に運動が苦手だ。

③
- 休日も学校を<u>かいほう</u>する。
- やっと課題から<u>かいほう</u>された。
- 病気が<u>かいほう</u>に向かう。

④
- 問題の解決に<u>つと</u>める。
- 劇の主役を<u>つと</u>める。
- 父は市役所に<u>つと</u>めている。

①

②

③

④

43

おまけ問題㉒：「閂」上の漢字の部首は何というでしょうか。

	/10問	/10問	/10問
	1回目	2回目	3回目

①～⑩の漢字の対義語を漢字で答えなさい。

① 安全 ⇔

⑩

② 否定 ⇔

② [　]

③ 主観 ⇔

③ [　]

④ 自然 ⇔

④ [　]

⑤ 原因 ⇔

⑤ [　]

⑥ 需要 ⇔

⑥ [　]

⑦ 収入 ⇔

⑦ [　]

⑧ 義務 ⇔

⑧ [　]

⑨ 時間 ⇔

⑨ [　]

⑩ 困難 ⇔

⑩ [　]

おまけ問題㉒答え：　もんがまえ

1回目	2回目	3回目
/12問	/12問	/12問

線をつけた漢字の読み仮名を書きなさい。

① 雨の日は床がとても滑る。

　このプリンは生地がとても滑らかだ。

①

② いつか都会に住みたい。

　今日は都合が悪い。

②

③ 損害を被る。

　帽子を被る。

③

④ 棒高跳びは素人には難しい。

　彼女はとても素直な性格だ。

④

⑤ やさしい笑顔に心が和む。

　寒さが和らいできた。

⑤

⑥ その小説家は多くの小説を著した。

　彼の成長が著しい。

⑥

おまけ問題㉓：「区」上の漢字の部首は何というでしょうか。

漢字 ― 46 ―

/10問	/10問	/10問
1回目	2回目	3回目

次の四字熟語、慣用句を完成させなさい。

① 優 □ 不 □　　　　（決断力に乏しいこと。）

② 一 □ 一 □　　　　（きわめてわずかな時間。非常に短い時間のたとえ。）

③ □ 心 □ 心　　　　（黙っていても互いに気持ちが通じ合うこと。）

④ □ 心 □ 鬼　　　　（疑い出すと何でもないことまで信じられなくなること。）

⑤ 大 □ 小 □　　　　（大した違いがないこと。似たりよったり。）

⑥ □ をなでおろす。　　　（ほっとする。ひと安心する）

⑦ □ を正す。　　　　　　（気持ちをひきしめる。）

⑧ □ の打ちどころがない。　　　（完璧で欠点がない。）

⑨ □ を並べる。　　　　　　（並んで立つ。対等の地位に立つ。）

⑩ □ が滑る。　　　　　　（うっかり秘密などを話してしまう。）

おまけ問題㉓答え：　はこがまえ

チャレンジ問題 ー1ー

	1回目	2回目	3回目
	/10問	/10問	/10問

ーをつけた漢字の読み仮名を書きなさい。

① 手続きが煩わしい。
（やっかい・じゃまっけでめんどう）

① ___

② 吐き気を催す。
（ある気分・状態をおこす）

② ___

③ 困難な状況に陥る。
（よくない状況にはまり込む）

③ ___

④ 渇いたのどを潤す。
（適度に湿り気を与える）

④ ___

⑤ そこは市民の憩いの場です。
（ゆっくりやすらぐこと）

⑤ ___

⑥ 損失を補填する。
（不足のものをおぎなうこと）

⑥ ___

⑦ 狩猟免許を獲得した。
（鉄砲や網などで野生の鳥や獣を捕らえること）

⑦ ___

⑧ 急に質問されて戸惑う。
（どう対応してよいかまよう）

⑧ ___

⑨ 大臣を罷免するかどうかを議論する。
（職務をやめさせること）

⑨ ___

⑩ カタログを無料頒布する。
（多くの人に分けること）

⑩ ___

チャレンジ問題 ー2ー

一をつけたカタカナを漢字になおしなさい。

① 春の訪れをツげる。
（そのような状態になる。情報を伝える）

② 話を聞いて胸がイタむ。
（心に苦しみや悲しみを感じる）

③ 気まずくなって目をソらした。
（わきへ向ける）

④ 生活習慣をアラタめる。
（古いものを新しくする）

⑤ 弓をイる。
（矢を放つ）

⑥ 被災地のフッコウがすすむ。
（もとどおり、盛んにすること）

⑦ 友人がシンコクな顔をしている。
（容易には解決できそうにない事態に強く心がとらわれるさま）

⑧ カワセ相場は一ドル百十円だ。
（自国の通貨と外国の通貨の交換比率）

⑨ シバフに寝転がる。
（しばを一面に植えつけてある所）

⑩ あの子はとてもケンキョだった。
（控えめでつつましいこと）

3回目 /10問	2回目 /10問	1回目 /10問

①
②
③
④
⑤
⑥
⑦
⑧
⑨
⑩

チャレンジ問題 ―3―

①・②の文から、誤って使われている漢字一字を、同じ読みの正しい漢字に書き変えなさい。

① 次の一時停止の標式がある交差点を左折すると、お目当ての喫茶店があります。

①

② 引退を宣言したプロ野球選手が最後の試合でホームランを打ち、優終の美を飾った。

②

次の1〜3の――の部分の漢字として最も適切なものをア〜エから一つ選びなさい。

1 経済学者の<u>こうえん</u>会に参加する。

　　ア 公園　　イ 講演　　ウ 公演　　エ 香煙

1

2 会議で<u>いぎ</u>を唱える。

　　ア 異議　　イ 意義　　ウ 威儀　　エ 居木

2

3 問題の<u>かくしん</u>に触れる。

　　ア 確信　　イ 革新　　ウ 確申　　エ 核心

3

チャレンジ問題 ー4ー

① 「練」と同じ総画数の漢字をア〜エの中から一つ選びなさい。

ア 旗　　イ 延　　ウ 潔　　エ 横

①

② 「葉」について、次の黒塗りの部分は何画目か。

②

③ 次の行書で書かれた部首を含む漢字はどれか。

ア 利　　イ 社

ウ 樹　　エ 放

③

④ 「市場」と熟語の読み方の構成が同じものをア〜エから一つ選びなさい。

ア 起源　　イ 言葉　　ウ 絶対　　エ 本屋

④

⑤ 「焼肉」と熟語の読み方の構成が同じものをア〜エから一つ選びなさい。

ア 順番　　イ 図工　　ウ 水辺　　エ 相性

⑤

チャレンジ問題 ―5―

①〜④の文の一線の部分と文法的に同じ意味・用法のものはどれか。

① 弟は昨日の試合でとても疲れているようだ。

ア 今日の暑さは真夏のようだ。
イ 彼女の笑顔はまるで太陽のようだ。
ウ 兄は昨日から合宿に行っているようだ。

① ☐

② 明日の体育は体育館で行うので雨の影響は受けない。

ア まだ使えるのに捨てるなんてもったいない。
イ 今年は去年より雨の量が少ないと思う。
ウ 明日は休日なのに学校に行かなければならない。

② ☐

③ 僕は好き嫌いもなく、何でも食べられる。

ア このリュックは多くの荷物を入れられる。
イ 今日はなぜかたくさんの人に話しかけられる。
ウ 校長先生が授業を見学に来られる。

③ ☐

④ この町は水がきれいで、住むにはとてもいい。

ア 明日はクラスのみんなと自転車で公園に行く予定だ。
イ 放課後はいつも校庭でサッカーをする。
ウ この森はとても静かで心地がいい。

④ ☐

アンケートにご協力をお願いします！

　みなさんが、「合格できる問題集」で勉強を頑張ってくれていることを、とてもうれしく思っています。

　よりよい問題集を作り、一人でも多くの受験生を合格へ導くために、みなさんのご意見、ご感想を聞かせてください。

　「こんなところが良かった。」「ここが使いにくかった。」「こんな問題集が欲しい。」など、どんなことでもけっこうです。

　下のＱＲコードから、ぜひアンケートのご協力をお願いします。

 アンケート特設サイトはコチラ！　　　　　「合格できる問題集」スタッフ一同

解 答

漢字―1―

① あさ ② ゆる ③ ひそ ④ おだ ⑤ くわ

⑥ きそ ⑦ し ⑧ すこ ⑨ は ⑩ さず

漢字―2―

① は ② ひき ③ まだ ④ にな ⑤ とぼ

⑥ すた ⑦ とじ ⑧ あ ⑨ あやつ ⑩ くだ

漢字―3―

① あつか ② す ③ くや ④ つの ⑤ いただ

⑥ そな ⑦ ととの ⑧ すす ⑨ あ ⑩ はし

漢字―4―

① さえぎ ② かか ③ にぎ ④ もっぱ ⑤ きた

⑥ は ⑦ かえり ⑧ いちじる ⑨ あらた ⑩ おじ

漢字―5―

① すみ ② と ③ た ④ そむ ⑤ さと

⑥ こ ⑦ つぐな ⑧ す ⑨ つぶ ⑩ ふじ

漢字―6―

① ねば ② く ③ ゆだ ④ たの ⑤ のぞ

⑥ おこた ⑦ はなは ⑧ ふく ⑨ おそ ⑩ ほこ

漢字―7―

① やわ ② あやま ③ いきどお ④ うなが ⑤ いまし

⑥ たずさ ⑦ こころよ ⑧ も ⑨ とどこお ⑩ くつがえ

漢字―8―

① こうけん ② とうろん ③ ふたん ④ あらしゅう ⑤ ぜひ

⑥ べんぎ ⑦ せんめい ⑧ けはい ⑨ さらく ⑩ だほう

漢字―9―

① すいてき ② おんけい ③ だきょう ④ もゆう ⑤ すいこう

⑥ ぼっさい ⑦ くいおん ⑧ かんじん ⑨ きょうだん ⑩ えつらん

漢字―10―
① さつち ② とうしゅう ③ ふちょう ④ びみょう ⑤ へいしん
⑥ とたん ⑦ のうか ⑧ きんにく ⑨ きはい ⑩ たいだ

漢字―11―
① かんしょく ② けいたい ③ よくちょう ④ へじょ ⑤ けんみつ
⑥ しんそつ ⑦ きょぎ ⑧ えいしゃ ⑨ おうらい ⑩ からびつ

漢字―12―
① かもく ② じゅんきょ ③ ようりょう ④ こじい ⑤ えんりょ
⑥ せいじゃく ⑦ かくふく ⑧ すうはい ⑨ きせい ⑩ せんさい

漢字―13―
① けいしょう ② あんのん ③ せきべつ ④ はっかん ⑤ げじい
⑥ こくふく ⑦ そつちょく ⑧ した ⑨ にゅうわ ⑩ けんしん

漢字―14―
① いなか ② ゆがい ③ そつぎょう ④ せんのう ⑤ けいと
⑥ ほじゅう ⑦ けんちょ ⑧ しも ⑨ ぎつとう ⑩ へつだ

漢字―15―
① たび ② かせん ③ さらはう ④ しょうげき ⑤ はんも
⑥ そうきばやし ⑦ けいこい ⑧ じきあう ⑨ しゅし ⑩ こと

漢字―16―
① だんしょう ② えんじゅく ③ きがい ④ むじゅん ⑤ しゅうしゅう
⑥ たよう ⑦ かんきゅう ⑧ しも ⑨ せんさい ⑩ れいこう

漢字―17―
① 架 ② 幕 ③ 珍 ④ 貫 ⑤ 拾
⑥ 眺 ⑦ 胸 ⑧ 異 ⑨ 育 ⑩ 届

漢字―18―
① 細 ② 拝 ③ 積 ④ 染 ⑤ 保
⑥ 幹 ⑦ 編 ⑧ 演 ⑨ 足 ⑩ 借

漢字―19―
① 額 ② 貸 ③ 刻 ④ 厳 ⑤ 絶
⑥ 導 ⑦ 速 ⑧ 設 ⑨ 群 ⑩ 逆

漢字　20

① 困　② 操　③ 健　④ 疑　⑤ 垂

⑥ 耕　⑦ 俵　⑧ 済　⑨ 認　⑩ 似

漢字　21

① 散　② 移　③ 預　④ 試　⑤ 生

⑥ 承　⑦ 構　⑧ 蒸　⑨ 盛　⑩ 勢

漢字　22

① 連　② 漂　③ 築　④ 管　⑤ 勇

⑥ 招　⑦ 退　⑧ 激　⑨ 専　⑩ 訳

漢字　23

① 補　② 従　③ 損　④ 養　⑤ 敬

⑥ 省　⑦ 短　⑧ 臨　⑨ 冷　⑩ 練

漢字　24

① 加　② 縮　③ 営　④ 鋭　⑤ 寄

⑥ 備　⑦ 蓄　⑧ 直　⑨ 包　⑩ 快

漢字　25

① 夢　② 険　③ 訪　④ 熟　⑤ 辺

⑥ 帯　⑦ 朗　⑧ 肥　⑨ 和　⑩ 照

漢字　26

① 経験　② 価値　③ 破壊　④ 興奮　⑤ 脳裏

⑥ 工夫　⑦ 簡潔　⑧ 反射　⑨ 勝負　⑩ 予想

漢字　27

① 豊富　② 許可　③ 系統　④ 停留所　⑤ 運賃

⑥ 品質　⑦ 察知　⑧ 媒体　⑨ 操縦　⑩ 警備

漢字　28

① 案件　② 航海　③ 評論　④ 緻密　⑤ 模様

⑥ 集大成　⑦ 客室　⑧ 賃貸　⑨ 圧倒　⑩ 照準

漢字 29

① 宇宙 ② 歌詞 ③ 混雑 ④ 郵便 ⑤ 倉庫
⑥ 裁判 ⑦ 推測 ⑧ 頭角 ⑨ 効果 ⑩ 就職

漢字 30

① 防災 ② 往復 ③ 専門 ④ 発達 ⑤ 次第
⑥ 単純 ⑦ 相談 ⑧ 家路 ⑨ 暗幕 ⑩ 式典

漢字 31

① 除外 ② 紛失 ③ 背後 ④ 特有 ⑤ 危険
⑥ 地域 ⑦ 正直 ⑧ 根幹 ⑨ 批判 ⑩ 配属

漢字 32

① 短縮 ② 郷里 ③ 優先 ④ 経緯 ⑤ 報告
⑥ 礼節 ⑦ 貴重 ⑧ 装置 ⑨ 散策 ⑩ 打破

漢字 33

① 伝統 ② 売買 ③ 重要 ④ 吸収 ⑤ 貿易
⑥ 看護 ⑦ 展覧 ⑧ 昼夜 ⑨ 救急 ⑩ 共鳴

漢字 34

① 納税 ② 警笛 ③ 逆境 ④ 発揮 ⑤ 寒暖
⑥ 至難 ⑦ 財源 ⑧ 署名 ⑨ 勤勉 ⑩ 秘密

漢字 35

① 忠告 ② 規模 ③ 納得 ④ 開会 ⑤ 善悪
⑥ 階段 ⑦ 永久 ⑧ 影響 ⑨ 素直 ⑩ 賛否

漢字 36

① 約束 ② 肥料 ③ 降水 ④ 過度 ⑤ 緊張
⑥ 快晴 ⑦ 厳格 ⑧ 保存 ⑨ 功績 ⑩ 車窓

漢字 37

① 八画 ② 五画 ③ 三画 ④ 七画 ⑤ 十五画
⑥ 八画 ⑦ 十五画 ⑧ 六画 ⑨ 十画 ⑩ 十三画

漢字―38―

① 名詞　② 副詞　③ 連体詞　④ 動詞　⑤ 形容動詞
⑥ 感動詞　⑦ 接続詞　⑧ 形容詞　⑨ 助動詞　⑩ 助詞

※ 名詞（楽しみ・私・花・ペン）
動詞　動作を表す。言い切るときウ段の音で終わる。（書く・行く・食べる・する）
形容詞　物事の性質・状態を表す。言い切るとき「い」で終わる。（大きい・明るい・美しい）
形容動詞　物事の性質・状態を表す。言い切るとき「だ」で終わる。（きれいだ・おだやかだ）
副詞　「どのように・どのくらい」など状態や程度を表す。（やっと・たぶん・ようやく・かなり）
助詞　いろいろな語に付く。（私が　世界の　海　学校へ）
助動詞　（れる・ます・た・らしい・そうだ）　接続詞　（それで・しかし・また・さて）
感動詞　（やあ・はい・おはよう）　連体詞　「どの・どんな」を表す。（この町　ある朝）

漢字―39―

① 音読み＋音読み（センガン）　② 音読み＋音読み（セイケツ）　③ 訓読み＋訓読み（あさひ）
④ 音読み＋音読み（エンソウ）　⑤ 訓読み＋訓読み（のはら）　⑥ 訓読み＋訓読み（あいて）
⑦ 音読み＋訓読み（ホンもの）　⑧ 訓読み＋音読み（きつ）　⑨ 訓読み＋音読み（いなサク）
⑩ 音読み＋訓読み（ごと）

※ 音読み　中国語の音がもとになった読み方　　訓読み　日本固有の言葉と結びついた読み方

漢字―40―

① 早　速
② 過程　家庭
③ 減少　現象
④ 備　供
⑤ 創造　想像
⑥ 訪　尋

漢字―41―

① 意外　以外
② 軌跡　奇跡
③ 衛星　衛生
④ 究　極
⑤ 余地　予知
⑥ 不朽　普及

漢字―42―

① 暑　厚　熱
② 納　治　収
③ 鑑賞　干渉　感傷
④ 保証　保障　補償

漢字―43―

① 帰省　規制　既製
② 対称　対象　対照
③ 開放　解放　快方
④ 努　務　勤

漢字 — 44 —

① 危険　② 肯定　③ 客観　④ 人工　⑤ 結果
⑥ 供給　⑦ 支出　⑧ 権利　⑨ 空間　⑩ 容易

漢字 — 45 —

① すべ　なめ　② とか　つうう　③ こうむ　かぶ
④ しろうと　すなお　⑤ なご　やわ　⑥ あらわ　いたじる

漢字 — 46 —

① 柔断（ゆうじゅうふだん）　② 朝夕（いっちょういっせき）
③ 以伝（いしんでんしん）　④ 疑暗（ぎしんあんき）
⑤ 同異（だいどうしょうい）　⑥ 胸（むね）　⑦ 襟（えり）
⑧ 非（ひ）　⑨ 肩（かた）　⑩ 口（くちがすべる）

チャレンジ問題 —1—

① わずら　② もよお　③ おちい　④ うるお　⑤ こに
⑥ ほてん　⑦ しゅりょう　⑧ とまど　⑨ ひめん　⑩ はんぷ

チャレンジ問題 —2—

① 告　② 痛　③ 逸　④ 改　⑤ 射
⑥ 復興　⑦ 深刻　⑧ 為替　⑨ 芝生　⑩ 謙虚

チャレンジ問題 —3—

① 識　② 有　　1 イ　2 ア　3 エ

チャレンジ問題 —4—

① ア　② 七画目　③ イ　④ イ　⑤ エ

※④「市場」は訓＋訓　ア 音＋音　イ 音＋音　エ 音＋訓
　⑤「焼肉」は訓＋音　ア 音＋音　イ 音＋音　ウ 訓＋訓

チャレンジ問題 —5—

① ウ　② ウ　③ ア　④ ウ

※①は推定の意味、「らしい」にも言いかえ可能。ア、イはたとえ。
　②は否定の助動詞。「ない」を「ぬ」にも言いかえ可能。
　③は可能の意味。イは受け身、ウは尊敬の意を表す表現。
　④は形容動詞。「きれいだ」「静かだ」と言いかえられる。